RELIURE
TIESSEN
NANCY
2001

L 1742. 353.

DES EFFETS
DE
LA TERREUR.

DES EFFETS

DE

LA TERREUR.

Par Benjamin CONSTANT.

———

An V.

AVIS
DE
L'IMPRIMEUR.

Nous avons pensé qu'il seroit agréable aux possesseurs de la première édition de cet Ouvrage, de pouvoir acheter à part ce que l'Auteur a ajouté dans la seconde : en conséquence, nous avons demandé et obtenu son consentement pour la réimpression séparée de L'EXAMEN DES EFFETS DE LA TERREUR.

DES EFFETS
DE
LA TERREUR.

Le bruit de quelques attaques personnelles, dirigées contre moi, dans certains journaux, m'a fait craindre un instant d'être obligé de les repousser. Mais, en les lisant, j'ai vu, avec bonheur, que je pouvois me dispenser d'y répondre, et, fidèle à mes résolutions antérieures, oublier les hommes, pour ne m'occuper que de la recherche de la vérité.

Je veux profiter de l'occasion que m'offre cette nouvelle édition de mon ouvrage, pour réfuter, si je le puis, une doctrine qui commence à se répandre ; doctrine que je crois fausse en elle-même, et dangereuse dans ses conséquences, mais que l'on semble vouloir réduire en systême, et qui a bien des titres à être adoptée ; car elle promet à-la-fois, et le repos dont sept années de secousses ont fait un besoin pour les ames fatiguées, et la vengeance dont sept années de souffrances ont fait un besoin pour les cœurs aigris.

Voici l'abrégé de cette doctrine (1). Ses diverses parties semblent se com-

―――――

(1) Je ne sais si l'on trouvera que j'ai rendu, avec exactitude, le système développé dans une brochure qui a pour titre : *Des causes de la Révolution et de ses résultats.* Je l'ai rendu tel que je le conçois, et sans avoir en moi le sentiment d'aucune prévention. Cet ouvrage, d'ailleurs, dont l'idée dominante ne me paroît pas juste, est écrit avec un grand talent de style, et une grande force de pensée. Il contient beaucoup d'apperçus profonds et de développemens heureux ; il annonce un écrivain qui, pour quelque parti qu'il se décidât, seroit toujours un homme distingué de ce parti, et que l'on ne sauroit trop louer, de s'être, en ce moment de péril, rangé franchement et sans réserve, dans les rangs des républicains.

battre, mais la contradiction n'est qu'apparente.

« Ceux qui fondèrent la république
» Française ne savoient pas ce qu'ils fon-
» doient. C'étoient, pour la plupart,
» des hommes perdus de crimes, qui
» avoient ouï dire que, dans les répu-
» bliques, les plus factieux étoient le
» plus en crédit (2). En fondant la ré-
» publique, ils nécessitèrent la terreur.
» Il falloit que l'état pérît, ou que le
» gouvernement devînt atroce (3). Ce
» fut la terreur qui consolida la répu-
» blique. Elle rétablit l'obéissance au-
» dedans, et la discipline au-dehors (4).
» Elle passa des armées républicaines
» dans les armées ennemies (5). Elle
» gagna jusqu'aux souverains, et valut
» à la France des traités honorables avec

---

(2) Des causes de la Révolution et de ses résultats, pag. 65.
(3) *Ibid.* pag. 27.
(4) *Ibid.* pag. 34.
(5) *Ibid. ibid.*

» la moitié de l'Europe (6). Les succès
» mêmes qui n'eurent lieu qu'après la
» terreur, furent néanmoins l'effet de
» l'impression qu'elle avoit produite (7).
» Elle détruisit les usages et les habi-
» tudes qui auroient lutté contre les ins-
» titutions nouvelles (8). Pour ne pas
» succomber à la violence des moyens
» employés contre elle par les ennemis,
» il en falloit d'aussi violens : il en fal-
» loit de plus violens pour les détruire (9).

---

(6) *Ibid.* pag. 35.
(7) *Ibid. ibid.*
(8) *Ibid.* pag. 45.
(9) *Ibid.* pag. 37. Quelques personnes ont dit que, dans l'ouvrage que je réfute, la terreur étoit représentée, *non pas comme nécessaire à la France, non pas même comme nécessaire à une révolution, mais seulement comme inévitable dans une révolution faite par un peuple corrompu, et dont les principaux personnages se sont signalés par des crimes.*

Voici les propres paroles de l'auteur. *Lorsque ces révolutions* (les révolutions populaires) *ne sont plus soutenues par la ferveur du peuple, et qu'elles ne le sont pas encore par sa lassitude, elles manqueroient,*

» Consolidée par la terreur, la républi-
» que aujourd'hui est une excellente insti-
» tution : il faut l'adopter. Rome fut de
» même fondée par des brigands, et
» cette Rome devint la maîtresse du
» monde (10). »

Je suis loin de reprocher aux auteurs de ce système les conséquences qu'il me paroît avoir. La plus simple expérience des hommes et de la manière

---

faute de force, s'il ne leur survenoit, vers le milieu, un renfort, et ce renfort, c'est la terreur. Pag. 28.

Il n'est question là ni d'une révolution *faite par un peuple corrompu*, ni d'une révolution *dont les principaux personnages se soient signalés par des crimes*. Il est question *de toutes les révolutions populaires*. C'est un axiome général qui est applicable à toutes, indistinctement. Les chap. III et IV représentent la terreur comme inséparable de toutes les révolutions de ce genre, comme nécessaire à leur durée, comme indispensable à leur succès. Tout lecteur impartial y trouvera cette théorie développée, et appuyée d'une foule de raisonnemens plus ou moins profonds ; et c'est cette théorie que j'ai entrepris de réfuter.

(10) *Voy.* des causes de la Révolution, pag. 66.

dont les idées se combinent, nous apprend que les conséquences qui nous semblent résulter évidemment d'un principe, sont quelquefois absolument méconnues de ses plus zélés partisans. Une légère différence dans l'un des chaînons du système, dans le sens d'une expression, dans une idée intermédiaire, ou dans une opinion co-existante, peut mener à une série de raisonnemens, et à des conclusions directement opposées. Rien n'est plus contraire au progrès des lumières, que de faire retomber sur un écrivain l'odieux ou l'absurdité de prétendues conséquences, qu'il n'a pas tirées de ses principes, et que nous en tirons sans son aveu : il faut les développer, pour qu'il les compare à celles qu'il en tire : mais ce n'est jamais que par la plus coupable injustice, que ce développement peut dégénérer en accusation.

Je commence donc par professer hautement que je ne prête aucune intention odieuse aux défenseurs du système que j'ai exposé. Je ne crois point que leur but soit de conclure entre les hommes qui jusqu'à présent détestèrent la république, et ceux qui la déshonorèrent jadis, un traité dont la base soit l'opprobre de ses fondateurs. Mais j'affirme que ce qui n'a pas été leur but est le résultat positif de leur système. Par lui, tous les crimes pourroient être pardonnés, les principes seuls seroient punis. On proscriroit Vergniaux, on justifieroit Marat. Il suffiroit de n'avoir ni contribué à l'établissement de la république, ni défendu les hommes honorables qui y ont contribué; il suffiroit de ne s'être rallié au gouvernement républicain que lorsqu'il étoit devenu le gouvernement décemviral; il suffiroit de n'avoir apporté dans les convulsions révolutionnaires, pas une idée, mais des fureurs, pour que tous les excès, toutes les atrocités fussent excusées, comme les appuis indispensables d'une institution, que les agens de la terreur avoient été forcés de défendre.

C'est ce système que je vais essayer de réfuter : et d'abord j'observerai qu'il ne faut pas le confondre avec la doctrine d'indulgence et d'oubli pour les excès révolutionnaires, qui seule peut affermir la paix intérieure de la république. L'on ne m'accusera pas d'être opposé à cette doctrine. C'est jusqu'à présent une accusation contraire qu'on a tenté d'accréditer contre moi. Mais cette doctrine ne porte que sur les hommes : le système que je combats porte sur les principes. Il est bon, sans doute, de jetter un voile sur le passé : mais si des erreurs ou même des crimes peuvent être dans le passé, un système n'y peut jamais être : des axiômes ne sont d'aucun tems : ils sont toujours applicables; ils existent dans le présent : ils menacent dans l'avenir. Prouver qu'il faut pardonner aux hommes qu'a égarés le bouleversement révolutionnaire, est une tentative très-utile, et j'ai devancé mes adversaires dans cette route : mais prétendre que ces égaremens, en eux-mêmes, étoient une chose salutaire, indispensable, leur attribuer tout le bien qui s'est opéré dans le même tems, est, de toutes les théories, la plus funeste.

La terreur, réduite en système et justifiée sous cette forme, est beaucoup plus horrible que la violence féroce et brutale des terroristes, en cela, que, par-tout où ce système existera, les mêmes crimes se renouvelleront, au lieu que les terroristes peuvent fort bien exister, sans que la terreur se renouvelle. Ses principes consacrés seront éternellement dangereux. Ils tendent à égarer les plus sages, à pervertir les plus humains. L'établissement d'un gouvernement révolutionnaire feroit sortir du milieu de la nation la plus douce en apparence des monstres tels que nous en avons vus : la loi du

22 prairial créeroit des juges bourreaux parmi les peuples les moins féroces. Il est un degré d'arbitraire qui suffit pour renverser les têtes, corrompre les cœurs, dénaturer toutes les affections. Les hommes ou les corps, revêtus de pouvoirs sans bornes, deviennent ivres de ces pouvoirs. Il ne faut jamais supposer que, dans aucune circonstance, une puissance illimitée puisse être admissible, et dans la réalité, jamais elle n'est nécessaire.

Mais si les principes de la terreur sont immuables, et doivent en conséquence être éternellement réprouvés, ses sectaires, étant hommes, et en cette qualité mobiles, peuvent être influencés, ramenés, comprimés. C'est donc l'indulgence pour les hommes, qu'il faut inspirer, et l'horreur pour les principes. Par quel étrange renversement fait-on tout-à-coup précisément le contraire ? On poursuit une race, jadis fanatique et furieuse, mais passagère,

sagère, passionnée, remuable, qui chaque jour diminue en nombre, et dont la désastreuse puissance a dès long-tems été terrassée par ceux mêmes qu'aujourd'hui l'esprit de parti voudroit flétrir de son nom ; et l'on fait l'apologie d'un systême destructeur de sa nature, et contre lequel il n'y a rien à espérer même des bienfaits du tems ! N'est-on donc implacable que pour les individus ? Si jamais de nouveaux terroristes, en quelque sens que ce fût, si les partisans d'une terreur royale, la seule, aujourd'hui, qui nous menace, se saisissoient de l'autorité, ils pourroient nous étaler les sophismes que l'on entasse, nous énumérer, d'après des auteurs célèbres, tous les heureux résultats de la terreur, et appuyer cette affreuse théorie, sur les ouvrages mêmes de ceux qui s'en montroient naguères les plus ardens ennemis.

Je me propose de prouver que la terreur n'a pas été nécessaire au salut

B

de la république, que la république a été sauvée malgré la terreur, que la terreur a créé la plupart des obstacles dont on lui attribue le renversement, que ceux qu'elle n'a pas créés auroient été surmontés d'une manière plus facile et plus durable par un régime juste et légitime ; en un mot, que la terreur n'a fait que du mal, et que c'est elle qui a légué à la république actuelle tous les dangers qui, aujourd'hui encore, la menacent de toutes parts.

Lorsqu'on fait l'apologie de la terreur [et n'est-ce pas faire son apologie, que prétendre, que sans elle la révolution *auroit manqué ?* (11)], l'on tombe

---

(11) *Lorsque les révolutions ne sont plus soutenues par la ferveur du peuple, et qu'elles ne le sont pas encore par sa lassitude, elles manqueroient faute de force, s'il ne leur survenoit, vers le milieu, un renfort, et ce renfort, c'est la terreur.* Des causes de la Révolution, pag. 28.

Me seroit-il permis de demander comment une rédans un abus de mots. On confond la terreur avec toutes les mesures qui ont existé à côté de la terreur. On ne considère pas que, dans les gouvernemens les plus tyranniques, il y a une partie légale, répressive et coërcitive, qui leur est commune avec les gouvernemens les plus équitables, par une raison bien simple ; c'est que cette partie est la base de l'existence de tout gouvernement.

Ainsi, l'on dit que ce fut la terreur qui fit marcher aux frontières, que ce fut la terreur qui rétablit la discipline dans les armées, qui frappa d'épouvante les conspirateurs, qui abattit toutes les factions.

Aucune de ces assertions n'est exacte. Les hommes qui opérèrent toutes ces

---

volution peut être *soutenue* par la lassitude du peuple ? Qu'un gouvernement soit soutenu par cette lassitude, cela se conçoit : mais une révolution, je ne l'entends pas.

choses, étoient en effet les mêmes hommes qui disposoient de la terreur : mais ce ne fut pas par la terreur qu'ils les opérèrent. Il y eut, dans l'exercice de leur autorité, deux parties, la partie gouvernante, et la partie atroce, ou la terreur. C'est à l'une qu'il faut attribuer leurs succès, à l'autre, leurs dévastations et leurs crimes.

Comme, en même tems' qu'ils dévastoient, il leur falloit, pour leur existence, gouverner, la terreur et le gouvernement co-existèrent; et de-là la méprise qui fit prendre tour-à-tour le gouvernement pour la terreur, et la terreur pour le gouvernement.

Que si l'on dit que la terreur aida le gouvernement, et que l'effroi qu'inspira sa partie atroce, redoubla la soumission à sa partie légitime, on dit une chose évidente et commune. Mais il n'en résulte pas que ce redoublement d'effroi fût nécessaire, et que le gouvernement n'eût pas eu, par la justice, les moyens d'inspirer une crainte suffisante pour forcer à l'obéissance.

Sans doute, lorsqu'un juge condamne à-la-fois un innocent et un coupable, la terreur s'empare de l'ame de tous les coupables, comme de l'ame de tous les innocens. Mais la punition du coupable auroit rempli, de ce but, tout ce qui étoit nécessaire. Les coupables auroient également tremblé, quand le crime seul eût été frappé. Lorsqu'on voit à-la-fois une atrocité et une justice, il faut se garder de faire de ces deux choses un monstrueux ensemble ; il ne faut pas, sur cette confusion déplorable, se bâtir un système d'indifférence pour les moyens : il ne faut pas attribuer sans discernement tous les effets à toutes les causes, et prodiguer au hasard son admiration à ce qui est atroce, et son horreur à ce qui est légal.

Séparons donc, dans l'histoire de l'époque révolutionnaire, ce qui appartint au gouvernement de ce qui appartint à la terreur, et les droits du gouvernement, des forfaits de la terreur.

Le gouvernement (je ne le considère pas ici sous le rapport de son origine, mais simplement en sa qualité de gouvernement), le gouvernement avoit le droit d'envoyer les citoyens repousser les ennemis : ce droit appartient à tous les gouvernemens : ils l'ont dans les pays monarchiques ; ils l'ont dans les pays républicains ; ils l'ont en Suisse aussi bien qu'en Russie : et comme la grandeur légale d'un délit résulte des conséquences qu'il peut avoir, le gouvernement avoit encore le droit d'attacher la peine la plus sévère au refus de partir pour les frontières, à la désertion, à la fuite des soldats. Mais ce n'est pas là ce que fit la terreur. Elle envoya des Saint-Just, des Lebas dévaster des armées obéissantes et courageuses ; elle abolit toutes les formes, même militaires ; elle revêtit ses instrumens de pouvoirs illimités ; elle remit le sort des individus à leur caprice, et le sort de la guerre à leur frénésie. Or, ces horreurs ne servirent de rien à la république. Lors même que Saint-Just n'eût pas fait périr des milliers d'innocens à l'armée du Rhin, l'armée eût-elle moins bien combattu ? Ne flétrissons pas nos triomphes dans leur source, et songeons qu'on ne peut attribuer ni à des fureurs proconsulaires, ni à des échafauds permanens les victoires d'Arcole et de Rivoli.

Le gouvernement avoit le droit de scruter sévèrement la conduite de ses généraux, ou victorieux, ou vaincus, et de faire juger sans indulgence celui d'entr'eux qui méritoit ses soupçons. Cette justice inflexible eût contenu les traîtres. Mais ce n'est pas là ce que fit la terreur. Elle livra ceux qu'elle soupçonnoit à des bourreaux, et versa le sang de guerriers irréprochables. Ces meurtres n'étoient d'aucune nécessité, puisqu'il faut examiner la nécessité de meurtres. Ils cessèrent, et pas un général républicain ne s'est depuis rendu coupable de foiblesse ou de trahison.

Le gouvernement avoit le droit de surveiller, de poursuivre, de traduire devant les tribunaux ceux qui conspiroient contre la république ; mais la terreur créa des tribunaux sans appel, sans formes, et assassina sans jugement soixante victimes par jour. On a prétendu que ces atrocités ne furent pas sans fruit, et que la mort ne choisissant pas, tout trembloit (12). Oui, tout trembloit sans doute : mais il eût suffi que tous les coupables tremblassent, et le

---

(12) *Chacun trembla pour lui, en voyant que la mort ne choisissoit pas ; et quand on vit la promptitude avec laquelle elle frappoit, la terreur redoubla. Si la forme des procédures eût été lente, la terreur eût été tempérée par l'espérance ; et si la mort n'eût menacé que ceux qu'elle devoit atteindre, elle n'eût contenu qu'eux.* Des causes de la Révolution, pag. 33.

supplice de vieillards octogénaires, de jeunes filles de 15 ans, d'accusés non interrogés, ne pouvoit être nécessaire pour effrayer les conspirateurs.

Le gouvernement avoit le droit d'appeler tous les citoyens à contribuer aux besoins de l'état, et la loi l'eût armé d'une sévérité inflexible pour les y forcer. Mais la terreur livra la répartition et le produit des sacrifices particuliers à des agens arbitraires et rapaces. Elle n'obtint par le crime que ce que la loi auroit assuré à la justice; et le crime l'ayant forcée d'employer des instrumens infidèles et avides, le seul effet de la terreur fut de rendre les sacrifices plus désastreux aux individus, et moins utiles à la république.

Le gouvernement avoit le droit, dans un péril pressant, d'interdire aux citoyens d'abandonner leur patrie : mais la terreur attribua ce délit aux hommes qui ne l'avoient pas commis. Elle força les citoyens à fuir; pour les punir de leur fuite, et multipliant ainsi les fausses accusations, elle prépara, pour le gouvernement qui l'a remplacée, un labyrinthe inextricable. Elle rendit les listes douteuses, les ruses faciles, les exceptions nécessaires, la pitié universelle; et, dans cette occasion comme dans toutes, la terreur, en dirigeant la loi contre des innocens, fournit aux vrais coupables des moyens contre la loi.

Le gouvernement avoit le droit de punir les prêtres agitateurs. Mais la terreur proscrivit, assassina, voulut anéantir tous les prêtres : elle recréa une classe pour la massacrer : et tandis que la justice eût paralysé le fanatisme, la terreur, en le poursuivant, en le combattant par l'injustice et la cruauté, en a fait un objet sacré aux yeux de quelques-uns, respectable aux yeux d'un grand nombre, presqu'intéressant aux yeux de tous.

Je ne pousserai pas plus loin cet examen des effets de la terreur. J'en conclus que la terreur n'a produit aucun bien. A côté de la terreur a existé ce qui étoit nécessaire à tout gouvernement, mais ce qui auroit existé sans la terreur, et ce que la terreur a corrompu et empoisonné en s'y mêlant.

Ce qui trompe sur les effets de la terreur, c'est qu'on lui fait un mérite du dévouement des républicains. Tandis que des tyrans ravageoient leur patrie, ils persistoient à la défendre contre les étrangers. Menacés de l'assassinat, ils n'en marchoient pas moins à la victoire.

Ce qui trompe encore, c'est qu'on admire la terreur d'avoir renversé les obstacles qu'elle-même avoit créés. Mais ce dont on l'admire, on devroit l'en accuser.

En effet, le crime nécessite le crime; et la terreur ayant soulevé tous les esprits, et tous les esprits s'étant égarés dans ce soulèvement, la terreur fut nécessaire pour tout comprimer. Mais sans la terreur, ce soulèvement n'eût pas existé, et l'on n'eût pas eu besoin, pour prévenir de grands dangers, de recourir à d'affreux remèdes.

La terreur causa la révolte de Lyon, l'insurrection départementale (13),

---

(13) L'on ne pensera pas, j'espère, que je confonde avec la révolte de Lyon et la rébellion de la Vendée, l'insurrection départementale. Le royalisme s'empara bientôt du mouvement de Lyon. Le fanatisme fut toujours le mobile des Vendéens. La coalition départementale, au contraire, ne fut jamais souillée par aucune alliance avec des ennemis de la république. Cette tentative de la vertu contre le crime, des amis de l'ordre contre les scélérats, fut pure dans son origine, et resta pure jusqu'à sa chûte. Le malheur même et la perspective d'une mort assurée, ne purent engager les chefs de cette insurrection à prendre aucun moyen dangereux pour la patrie ou la liberté; et parmi les nombreuses pertes que la France a éprouvées, sous la tyrannie des décemvirs, la plus irréparable peut-être, est celle des hommes connus sous le nom de Girondins ou Fédéralistes. Une génération entière a été engloutie; et cette génération jeune, forte, neuve, éclairée, quoiqu'enthousiaste, nourrie de l'étude des anciens, des principes de la philosophie, des écrits de Voltaire et la guerre de la Vendée ; et pour soumettre Lyon, pour dissiper la coalition des départemens, pour étouffer la Vendée, il fallut la terreur.

Mais sans la terreur, Lyon ne se fût pas insurgé, les départemens ne se seroient pas réunis, la Vendée n'eût pas proclamé Louis XVII.

Encore la concession que je viens de faire est-elle inexacte. La terreur a dévasté la Vendée : mais ce n'est qu'après la terreur que la justice l'a pacifiée.

Un autre effet de la terreur, nous dit-on, *fut de détruire les anciennes habitudes, et de donner aux nouvelles coutumes autant de force que l'habitude eût pu le faire. Dix-huit mois de*

---

de Rousseau, promettoit une réunion de talens, d'idées libérales, et de courage que l'on ne peut guères espérer de retrouver ni dans la génération qui s'éteint, ni dans celle qui s'élève. Nous sommes aujourd'hui entre des vieillards dans l'enfance et des enfans mal élevés.

terreur suffirent pour enlever au peuple des usages de plusieurs siècles, et pour lui en donner que plusieurs siècles auroient eu peine à établir. Sa violence en fit un peuple neuf (14).

Rien de plus évidemment faux. La terreur a lié des souvenirs affreux à tout ce qui tient à la république. Elle a mêlé une idée de moralité aux pratiques les plus puériles, aux formes les plus futiles de la monarchie.

C'est à la terreur qu'il faut attribuer le dépérissement de l'esprit public, le fanatisme qui se soulève contre tout principe de liberté, l'opprobre répandu sur tous les républicains, sur les hommes les plus éclairés et les plus purs. Les ennemis de la république s'emparent habilement de la réaction que la terreur a causée. C'est de la mémoire de Robespierre que l'on se sert pour insulter aux mânes de Condorcet, et pour assassiner Sieyes. C'est la frénésie de 1794 qui fait abju-

---

(14) Des causes de la Révolution, pag. 44.

rer, par des hommes foibles ou aigris, les lumières de 1789.

Le despotisme de la terreur, ajoute-t-on, *devoit préparer les voies à une constitution libre, et il n'est pas douteux que, s'il ne l'avoit précédée, elle n'eût jamais pu s'établir.* (15).

Rien de plus faux encore. La terreur a préparé le peuple à subir un joug quelconque : mais elle l'a rendu indifférent, peut-être impropre à la liberté. Elle a courbé les têtes, mais elle a dégradé les esprits et flétri les cœurs.

La terreur, pendant son règne, a servi les amis de l'anarchie, et le souvenir de la terreur sert aujourd'hui les amis du despotisme.

Elle a accoutumé le peuple à entendre proférer les noms les plus saints pour motiver les actes les plus exécrables. Elle a confondu toutes les notions,

---

(15) Des causes de la Révolution, pag. 44.

façonné les esprits à l'arbitraire, inspiré le mépris des formes, préparé les violences et les forfaits en tous sens. Elle a frappé de réprobation, aux yeux du vulgaire, toutes les idées qu'embrassoient autrefois avec enthousiasme les ames généreuses, et que suivoient, par imitation, les ames communes.

La terreur a fourni à la malveillance une arme infaillible contre tous les actes les plus justes du gouvernement. Elle a flétri d'une ressemblance trompeuse et funeste la sévérité la plus légitime. L'homme le plus coupable, lorsqu'il réclame contre l'autorité, l'accuse de terreur, et à ce titre, il est assuré de réveiller toutes les passions, et d'armer en sa faveur tous les souvenirs.

Le mal qu'a fait la terreur deviendroit irréparable, si l'on parvenoit à consacrer ce principe, qu'elle est nécessaire *vers le milieu* de toute révolution qui a pour but la liberté.

Cette

Cette idée, qui feroit rougir les Français d'une liberté acquise à ce prix, décourageroit les nations qui ne sont pas encore libres, et produiroit un effet non moins funeste sur les peuples nouvellement affranchis. Elle leur persuaderoit que, pour affermir leur liberté, il faut des crimes et des excès. Tous les scélérats que la France repousse et que les amis de la république sont les premiers à détester, pourroient avec ces raisonnemens spécieux, égarer nos voisins encore novices, leur peindre nos triomphes comme le fruit des attentats dont nous fûmes victimes, et prêcher la terreur comme une crise, compagne inévitable et *renfort nécessaire* de toute révolution.

Il est doux de venger la liberté de cette imputation injuste et flétrissante. La terreur n'a été ni une suite nécessaire de la liberté, ni un *renfort* nécessaire à la révolution. Elle a été une suite de la perfidie des ennemis inté-

C

rieurs, de la coalition des ennemis étrangers, de l'ambition de quelques scélérats, de l'égarement de beaucoup d'insensés. Elle a dévoré et les ennemis dont l'imprudence l'avoit fait naître, et les instrumens dont la frénésie la servoit, et les chefs qui prétendoient la diriger. Les républicains jamais ne furent que ses victimes. Ils la combattirent au moment où ils la virent s'élever. Ils appelèrent à leur secours tous ceux que des motifs pressans, l'intérêt de leur repos, de leur fortune, de leur vie, auroient dû engager à se réunir à eux. D'absurdes ressentimens, un timide égoïsme, un désir stupide d'être vengé de ses vainqueurs, même par ses assassins, empêchèrent cette réunion. Les républicains furent abandonnés : ils succombèrent. Mais leur chûte fait leur apologie : leur mort répond à ces vils calomniateurs, ou à ces hommes aigris, qui représentent les premiers ennemis de Robespierre comme ses complices, les martyrs de l'ordre social, comme ses destructeurs. Relisez ces discours, où vainement ils vous invoquoient à l'appui des lois. Retracez-vous cette lutte inégale et courageuse, qu'ils soutinrent long-tems, seuls, sans défense, au milieu de vous, spectateurs alors immobiles, aujourd'hui leurs accusateurs.

La terreur commença par leur défaite, et s'affermit sur leurs tombeaux. Vous cherchez vainement à en reculer l'époque. Des désordres particuliers, des calamités affreuses, mais momentanées, mais illégales, ne constituent point la terreur. Elle n'existe que lorsque le crime est le système du gouvernement, et non lorsqu'il en est l'ennemi, lorsque le gouvernement l'ordonne, et non lorsqu'il le combat, lorsqu'il organise la fureur des scélérats, non lorsqu'il invoque le secours des hommes de bien (16).

---

(16) *Voy.* sur cette distinction importante, l'ouvrage intéressant que vient de publier le C. Leuillette, jeune écrivain plein de talens, de courage et d'amour pour la liberté, pag. 15 et suiv.

La terreur s'établit en France, après la chûte des premiers républicains, après la fuite, l'emprisonnément ou la proscription de leurs amis.

Il ne faut donc pas confondre la république avec la terreur, les républicains avec leurs bourreaux. Il ne faut pas sur-tout faire l'apologie du crime, et la satyre de la vertu. Puisqu'enfin vous voulez adopter la république, il ne faut pas déshonorer ceux qui l'ont fondée, ni proscrire ceux qui la défendent.

Vous citez la république de Rome. Mais vous vous trompez sur les faits. La *monarchie* romaine fut fondée par des brigands, et la monarchie romaine ne subjugua pas le quart de l'Italie. La *république* romaine fut fondée par les plus austères et les plus vertueux des hommes (17) : et certes, après

---

(17) Parvenu à l'époque de l'expulsion des Tarquins, Tite-Live observe que c'est une grande marque de la protection des Dieux, et un grand bonheur pour Rome, qu'elle ne se fût pas constituée en république au moment de sa fondation, mais seulement deux cent quarante

l'expulsion des Tarquins, il n'y avoit pas, je le pense, un citoyen dans Rome qui osât flétrir la mémoire de Junius Brutus (18).

---

ans après, lorsque ses premiers habitans, qui n'étoient que des brigands indisciplinés, et incapables de liberté, eurent fait place à une génération plus policée dans ses mœurs, plus élevée dans ses sentimens, et plus morale dans ses principes.

(18) Il y a dans les institutions politiques, une partie qui, si l'on me permet une expression très-inexacte, sous beaucoup de rapports, mais qui fera sentir mon idée, tient, pour ainsi dire, du dogme, et qu'il est nécessaire, pour l'affermissement de ces institutions, de présenter au peuple comme un objet de respect. Les événemens et les hommes, auxquels une institution doit son origine, sont dans ce cas. L'odieux qu'on verse sur eux retombe inévitablement sur l'institution. Il se peut que, lorsque le tems aura séparé les haines des faits, les ressentimens des souvenirs, et les choses des individus, l'opprobre des uns ne retombe pas sur les autres. Alors, insulter à la mémoire des républicains, ne sera plus qu'une injustice. Mais aujourd'hui, dans une révolution dont nous sommes contemporains, déshonorer les chefs de cette révolution, c'est déshonorer la révolution même. Apprécier la république en détestant ses fondateurs, est une opération beaucoup trop abstraite pour les hommes ordinaires. Il faut au moins que cette république ait pour elle l'habitude et

Vous tous, anciens amis de la liberté, indécis aujourd'hui, retenus par des considérations, des engagemens, des souvenirs ou des craintes, vous voyez mal votre situation. Vous mettez une sorte d'orgueil à vous aveugler. Vous vous déguisez l'impulsion rétrograde que vous avez favorisée et qui déjà vous menace. Vous vous flattez de la modérer en la favorisant encore. Vous croyez désarmer l'aristocratie par des éloges, tandis que les républicains ne vous demandent que de la justice. Vous caressez des hommes qui, malgré leur besoin

---

les intérêts individuels qui se grouppent autour du gouvernement qui existe, avant qu'elle puisse se soutenir seule, et résister aux préventions qu'on veut inspirer contre ses auteurs. Il est impossible que le peuple ne retourne pas d'impulsion vers la royauté, si on lui représente la république comme établie par des brigands, et consolidée par des crimes : et je ne connois pas de moyen plus sûr de contre-révolution, que de déchirer Condorcet et Vergniaux, de peindre le 10 août comme un attentat, et de représenter ensuite le 31 mai et les horreurs qui le suivirent comme un résultat nécessaire du renversement de la monarchie.

de vous, vous prodiguent le reproche, et vous annoncent l'insulte, et vous en repoussez qui vous ont montré de la défiance, mais que vous pourriez rassurer (19).

Les aristocrates diffèrent de vous par les principes : ils ne sont réunis à vous que par des haines individuelles : ils vous aident à détruire ce que vous voulez détruire : mais ce que vous voudrez conserver, ils le détruiront.

Les républicains sont séparés de vous par ces haines individuelles qui rapprochent de vous les aristocrates; mais si vos intentions sont telles que vous le dites (et qui n'aimeroit pas à le croire?) les républicains sont unis à vous d'intérêts et de principes. Ils veulent vous empêcher de détruire; ils vous aideront à conserver.

---

(19) *Dans les guerres de parti*, dit un auteur éloquent et célèbre, *le parti vaincu se venge toujours sur les hommes du triomphe qu'il cède aux choses.* De l'Influence des Passions, pag. 225.

Vous êtes, aux yeux des aristocrates, des hommes criminels, aux yeux des républicains, vous n'êtes que des hommes douteux. Les aristocrates pourront tout au plus agréer vos services, sans oublier vos torts ; et rien ne vous lavera d'avoir commencé cette révolution qu'ils abhorrent : vous ne réparerez jamais qu'une petite partie des maux qu'ils vous attribuent, et en rendant inutile ce que vous avez fait pour la liberté, vous n'effacerez point ce qu'ils vous accusent d'avoir fait pour l'anarchie.

Rassurés sur vos intentions, les républicains vous recevront avec reconnoissance, comme d'utiles et d'honorables alliés. Tout ce que vous avez fait pour la liberté est un mérite à leurs yeux.

Les aristocrates vous reprochent des actions : ces actions, vous ne pouvez ni les nier, ni les effacer. Vos intentions seules sont suspectes aux républicains, et vous pouvez facilement prouver que vous n'en eûtes jamais de blâmables , ou que vous les avez abjurées.

Entre les aristocrates et vous, vous avez besoin de pardon : entre les républicains et vous, il n'est besoin que de confiance.

Et ne dites pas que la confiance est difficile à établir, que les républicains sont défians, exclusifs, intraitables : la vérité est toute-puissante, et j'en appelle à vous-mêmes ; ne sentez-vous pas ce que vous n'avez pas fait et ce que vous pouvez faire pour la mériter ?

Mais, il ne faut pas vous le déguiser, ce n'est pas en protestant de votre attachement pour les institutions, et de votre haine pour les hommes ; ce n'est pas en protégeant tout ce qui menace la république, en vous servant contre la liberté des armes que la liberté vous donne ; ce n'est pas en applaudissant à des écrivains audacieusement ou insidieusement contre-révolutionnaires ; ce n'est pas en encourageant toutes les calomnies que l'on verse sur des hommes qui, pendant deux ans, ont gémi sous la tyrannie, qui l'ont combattue, qui l'ont renversée, et qui, depuis sa chûte, ont de toute leur puissance servi la liberté ; ce n'est pas ainsi que vous prouverez votre franchise. On n'aime pas les institutions, dont on persécute ou dont on insulte les auteurs.

Honorez avec nous les fondateurs de la république (20) ; ne profanez pas les

---

(20) Dira-t-on que la république fut proposée par Collot-d'Herbois ? C'est une misérable chicane. Ceux que l'on comprend sous le nom de fondateurs de la république, sont les hommes qui, les premiers, disséminèrent en France les idées républicaines, qui en 1791 avouèrent hautement leur attachement à cette forme d'institution, qui, pendant tout le cours de l'assemblée législative, s'élevèrent contre la perfide inertie de la cour, et renversèrent la constitution monarchique, pour sauver la liberté. Il est aussi absurde de regarder les sicaires de Collot-d'Herbois et de Robespierre comme les fondateurs de la république, qu'il le seroit d'attribuer l'insurrection du 14 juillet aux hommes qui massacrèrent Flesselles et Delaunay. Les pillards qui suivent une armée victorieuse n'en composent pas l'état-major ; et si, par hasard, ils parvenoient à en assassiner les généraux,

tombeaux de ceux que les tyrans immolèrent : rendez justice à ceux qui ont échappé aux fureurs des décemvirs, à ceux qui renversèrent leur affreux empire, à ceux qui, au milieu des orages, vous donnèrent une constitution cent fois plus sage que celle de 1791, conçue et rédigée dans le calme, à ceux qui trouvant les étrangers à trente lieues de Paris, ont conclu la paix à trente lieues de Vienne.

C'est ainsi que vous déjouerez les espérances de l'aristocratie qui spécule sur vos ressentimens, s'applaudit de vos haines et regarde comme une arme contre les républicains et contre vous votre popularité passagère, que dis-je,

---

pour se livrer ensuite aux plus horribles excès, on pourroit bien dire qu'ils se sont emparés de la victoire pour la déshonorer, mais non pas qu'ils l'ont remportée. C'est aux noms des Vergniaux, des Condorcet, qu'il faut rattacher l'établissement de la république ; et mépris éternel à qui ne respecte pas ces noms chers aux lumières, illustres par le courage, et sacrés par le malheur.

votre popularité déjà presqu'évanouie, et dont vous retenez avec effort les restes fugitifs.

C'est ainsi que vous mettrez une digue au torrent de la contre-révolution qui nous entoure de toutes parts. C'est ainsi qu'au lieu de passer pour des factieux qui ne surent jamais que détruire, qui précipitèrent leur pays dans un abîme de maux, en invoquant la liberté, et le précipitèrent ensuite dans un nouvel abîme en invoquant l'ordre, vous serez avec les républicains les sauveurs de la France, et s'ils ont eu la gloire de fonder la république, vous aurez celle de l'avoir consolidée.

Ce 10 prairial, an 5.

www.ingramcontent.com/pod-product-compliance
Lightning Source LLC
LaVergne TN
LVHW022125080426
835511LV00007B/1039